LA

Côte d'Azur

en l'an 1897

NICE

Cannes Monaco Menton

MONTE-CARLO

1897

LA CÔTE D'AZUR

EN L'AN 1897

L 17
58

IMPRIMERIE NOUVELLE LYONNAISE. 3. RUE STE-CATHERINE

GEORGES FONTAINES

LA Côte d'Azur

en l'an 1897

NICE

Cannes, Monaco, Menton

MONTE-CARLO

1897

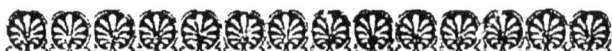

AVANT-PROPOS

À l'heure où, en tous pays, se font sentir les rigueurs de la saison que l'on voudrait voir fuir à tire d'ailes, il est un asile sur les bords de la Méditerranée — un monde plutôt — où l'hiver avec son long manteau de vent, de froidure et de pluie n'a point encore apparu.

Nizza-la-Bella mérite bien son vrai nom de baptême et c'est bien le centre de cette région éthérée où, sous un ciel toujours pur, le divin Phœbus a élu à jamais ses pénates.

D'Hyères à Menton, sur ce rivage enserré de très près par les hauts massifs des Alpes de Provence et les flots bleus de la reine des mers, voilà le vrai Jardin de la France avec son printemps éternel.

2

Où chercher un climat plus doucereux, une brise plus légère, un plus complet épanouissement de la nature alors qu'à quelques lieues seulement la froide neige recouvre le sol.

Nice est bien un berceau des dieux, avec ses riches parures de fleurs aux couleurs si variées, avec ses palmiers et ses verts arbustes. Quelle fée bienfaisante a-t-elle pu transformer cette partie du sol français en un aussi ravissant Eden?

De tels attraits appellent naturellement à eux divers attributs.

C'est ainsi que Nice et ses jeunes sœurs, ornant magnifiquement cette terre sacrée avec chacune leur originalité propre, sont devenues le rendez-vous sélect de l'aristocratie mondaine, heureuse chaque année de venir se « refaire » au sein d'une nature plus qu'enchanteresse.

Nice est aujourd'hui la ville mondaine par excellence, la station hivernale à la mode, le refuge du rire et de la folle gaité si bien que toutes les nations nous envient ce séjour si convoité.

Avouons aussi que c'est bien la ville hospitalière, soucieuse du bien-être de ses hôtes, désireuse de maintenir sa solide réputation.

L'étranger y rencontre, à côté des charmes incalculables de la nature, un accueil bienveillant, des réjouissances sans nombre, une aménité qui ne s'est jamais démentie.

Aussi, combien vivace est le souvenir qu'emportent chaque année de cette adorable contrée tant d'âmes éprises de l'idéal et en quittant ce parterre de fleurs, au si doux arome, combien s'éloignent à regret, le cœur plein de tourments n'ayant d'autre consolation que l'espoir du retour, pourvu que Dieu leur prête vie.

I

NICE ET LE LITTORAL. — CANNES

———

Rois degrés au-dessous de zéro.

En route pour Nice.

C'est-à-dire trêve aux vicissitudes de la vie pour ne songer qu'à la joie. Comme l'on a bien conscience que c'est sur une terre bénie que l'on va mettre le pied.

Déjà, loin avant d'arriver, cette immense nappe bleue se détachant dans un horizon lointain, cette luxuriante verdure, ces fleurs si bien ouvertes ne donnent-elles pas sujet à maintes et maintes illusions. Il y a quelques heures à peine, la température était sèche, froide même ; les champs arides, les arbres dépouillés de leur léger bagage. Maintenant, une tiédeur légère vous enveloppe comme à souhait. Vous vous sentez revivre comme dans un nouveau monde. La nature a changé du tout au tout : pas le moindre objet qui n'ait son charme. Le spectacle est merveilleux.

C'est en quittant Toulon que le contraste se mesure pour ainsi dire par degrès. A chaque pas de nouvelles impressions assiègent votre âme. Que de souvenirs rappelle cette région de l'antique Provence ! Que de héros l'ont si souvent traversée !

De Toulon à Nice, c'est une suite ininterrompue de paysages rendus plus frappants par les vagues même de la mer qui viennent se heurter à quelques mètres de la voie ferrée. D'ici, de là, de coquettes villas perdues dans le gazon ; des champs de fleurs exhalent le plus doux parfum tandis qu'au large la brise de mer enfle les voiles de plusieurs petits canots.

Plus l'on approche de Nice, plus le spectacle est enthousiaste. La richesse du pays apparaît à chaque pas. Du monde entier on accourt vers cette partie du sol français. Gens de toutes les nations, aux costumes les plus divers s'y coudoient dans une même unité. C'est bien le refuge de la quiétude et du bonheur. L'âme, à l'abri des soucis de la la vie journalière est toute à la joie qu'elle éprouve, le cœur en proie aux plus suaves sensations. Le long de cette côte, un seul sentiment vous étreint qui ne varie jamais. Seul, le cadre de la nature diffère, mais le ciel a partout la même sérénité, l'air le même parfum, le soleil les mêmes feux.

D'Hyères à Menton, chaque anfractuosité du rivage révèle un point nouveau, inattendu et forme comme une chaîne indivisible où l'on rencontre de charmants abris rendus pittoresques par les cimes élevées qui les surplombent.

Hyères et St-Raphaël soulignent de deux magnifiques traits cette rive sinueuse. Ces deux stations assez éloignées l'une de l'autre offrent chacune de l'intérêt. La vie y est aisée, l'air plein d'encens, les soirées délicieuses sous le doux murmure des eaux. Aussi, dès le mois de novembre, les coquettes villas entrouvrent leurs portes aux familiers que le printemps avait fait fuir.

A Hyères commence, à proprement par-

ler, la vraie côte d'azur. C'est le point
initial du grand golfe que va dessiner la
Méditerranée et dont le rivage italien sera
la continuation. Après avoir contourné la
pointe de Saint-Tropez, la clémence du
ciel est déjà très appréciable. A Saint-
Raphaël nous entrons pleinement dans
cette existence nouvelle dont parle le
poète. Autour de nous, les moindres objets
semblent nous inviter à la joie. Nous sommes comme fascinés par l'éblouissante
nature.

Voici Cannes, la coquette station hivernale, si fréquentée, avec ses ravissantes
promenades. En face, distantes de huit
cents mètres environ, les îles Lérins,
Ste-Marguerite et St-Honorat. Modestes au
milieu des flots, reléguées loin du monde
et du bruit, ces deux îles sœurs attirent depuis quelques années un nombre incalculable de visiteurs. On dirait chaque jour un
pèlerinage. Et de fait, n'ont-elles pas joué
un grand rôle dans le cours des siècles
puisqu'elles ont appelé l'attention de Pline
et de Strabon.

St-Honorat est la plus éloignée. Une

abbaye qui date du ive siècle est la curio-
sité de cette île. Ne manquez pas d'aller la
visiter. On vous accueillera dans cette mai-
son hospitalière avec la plus grande affabilité. C'est l'asile de la prière et du travail.
La Lérina, cette agréable liqueur jaune si
répandue aujourd'hui et qui fait vos délices
après chaque repas, est le fruit de la
science et du labeur incessant des moines
de l'abbaye. Que de fois, au milieu des
chaleurs ou lorsque vous étiez altéré en
avez-vous versé quelques gouttes dans un
verre d'eau pour vous rafraîchir et que de
fois aussi, éprouvant quelque refroidisse-
ment ou ayant l'estomac embarrassé avez-
vous fait appel à ce bienfaisant remède.
C'est dans cette abbaye que l'on récolte ce
doux nectar issu de la riche flore des montagnes de l'Esterel. Savourez vite le petit
verre que l'on vous offre si gracieusement.
De retour sous votre toit, vous serez heureux de vous remémorer cette journée, ce
monastère et sa pieuse famille, ce petit
verre de Lérina absorbé à la hâte qui, ins-
tantannément, vous a rendu le bien-être et
vous a mis plus à l'aise. Vous n'aurez cer-

tes point perdu votre journée et vous re-
viendrez, j'en suis sûr, vers ce rivage
heureux.

Si les promenades qui environnent Cannes sont en tous points charmantes, la vie
dans cette perle du littoral, sans préten-
tion aucune, n'est pas sans plaire même
aux blasés. De la Croisette, le paysage est
superbe, tant du côté de la mer que vers les
collines de l'Esterel. Lorsque le temps est
beau, on aperçoit fort avant vers la terre
la toiture de la petite ville de Grasse, ju-
chée sur la hauteur.

L'aspect de Cannes est superbe, la toilette princière.

D'élégantes villas s'alignent le long de la
Méditerranée au milieu de corbeilles de
fleurs, les jardins y sont cultivés avec art
tellement les produits en sont remarquables.

L'étranger qui vient à Cannes pour prendre ses quartiers d'hiver aime à s'y instal-
ler commodément. Il y demeure facilement
plusieurs mois. Ainsi s'établissent entre la
société de Cannes des rapports étroits,
les salons s'ouvrent, les réunions s'orga-

nisent. Des soirées qui marquent dans les annales de la vie mondaine réunissent un cercle émérite.

Au moment des fêtes, l'enthousiasme est grand dans la petite cité ; les batailles de fleurs y obtiennent de gros succès. Si les échos sont moins bruyants qu'à Nice, en revanche, c'est une vie toute intime en ses moindres détails, une vie moins tapageuse où l'on se complait de bonne grâce.

Nice est si proche. Comme la mer est vite doublée. Quel plaisir que le trajet de Cannes à Nice par voie ferrée ! Le spectacle est inoubliable. L'impression est plutôt pénible en entrant en gare de Nice après avoir traversé une contrée aussi animée.

Mais le mot « Nice » est synonyme de plaisir. Comme on y revient chaque année volontiers. Les plus délicats, même, sont désarmés.

Les Alpes et leurs contreforts d'un côté, la Méditerranée de l'autre, forment les barrières même de cette ville. L'eau et le rocher élevés au suprème degré, sont les deux éléments qui en limitent si agréablement l'espace. La mer y est relative-

ment calme et la baie des Anges qu'elle
dessine après avoir reçu dans son sein la
petite rivière du Var, est d'un effet vraiment curieux, surtout le soir, au clair de
lune, alors que le phare d'Antibes projette
son ardent brasier. La mer, la terre. le
rocher, trois étapes successives à franchir
pour caractériser, trop matériellement peut-
être, cette étendue sans rivale. Ce sont des
sommets élevés en effet qui, vers la terre,
vous barrent l'horizon ; des pointes coni-
ques aux pentes abruptes, comme le mont
Chauve ou le mont Agel, des massifs diffé-
remment élevés, qui de Nice à Menton s'a-
vancent perpendiculairement dans la mer.
Nice sert en quelque sorte de piédestal à
cette masse énorme de montagnes, et cette
situation exceptionnelle contribue pour
une large part à l'abriter et à lui donner
cette sérénité si appréciée. Nul n'ignore en
effet le grand rôle de la chaîne des Alpes
sur le climat méditerranéen ; en se rendant
de Nice à Grasse il est facile d'en faire l'expérience et au besoin, pour être plus con-
cluant, le thermomètre à la main.

Le climat de Nice est des plus doux :

l'hiver ne s'y fait pour ainsi dire point sentir. Les journées sont chaudes et ensoleillées, l'atmosphère a une tiédeur agréable. Les pluies y sont assez rares. C'est à peine si la neige y fait quelques légères apparitions, comme pour étaler son éclatante blancheur, et l'on a raison de dire que lorsque la neige recouvre Nice, c'est le signal d'un hiver rigoureux dans le monde entier. L'air y est sain et pur, sans cesse renouvelé par une brise légère. Les vents naissent et s'éteignent à la fois sans trop altérer la température. L'influence du climat est surtout sensible sur la végétation. Arbres et arbustes des pays chauds croissent à Nice avec aisance, et, alors que partout ailleurs les fleurs sont totalement absentes, ici au contraire, les tiges regorgent d'étamines et de corolles et se développent admirablement.

Qu'il fait bon vivre sous un si beau ciel, entouré des trésors de la nature, respirer cet air vif et léger qui réconforte et aguerrit.

Ames sensibles, poètes ou philosophes, qui savez si bien aligner vos hexamètres, avouez que nulle part vous n'avez été si délicieusement saisis que sur cette terre de la Provence. Heureux couples, pleins d'illusions et d'exubérante jeunesse, le voilà bien l'idéal que vous recherchez sans cesse, le berceau de vos tendresses et de vos amours ! Et vous, malheureuses victimes de la destinée, pour ainsi dire rassasiées de la vie, sincères adeptes du pessimisme, ne vous sentez-vous pas revivre, et votre cœur ne s'ouvre-t-il pas aux plus troublantes émotions, lorsque seuls, le long de la plage, l'immense mer vient mourir à vos pieds.

C'est une transformation lente qui s'opère, et malgré vous, vous devez reconnaître que l'existence a ses plaisirs et ses peines, que ces dernières sont éphémères et font mieux savourer le plaisir. En présence d'un telle scène, le courage renaît, renaissent aussi les illusions d'antan, la jeunesse folle et puisant à sa source même l'énergie nécessaire pour éloigner de la pensée les sombres idées qui s'y étaient logées, l'âme se ressaisissant d'un mouvement spontané, redevient ce qu'elle était jadis : généreuse et noble.

Ce n'est point à dire que Nice soit la ville parfaite. Loin de là. Il reste encore beaucoup à faire. C'est un point secondaire, si l'on veut, mais n'empêche que dans le pays des fleurs, la mauvaise herbe ne doit point pousser. Si nous nous reportons cependant à vingt ans en arrière, nous trouvons une Nice plus que transformée.

Combien de nos hôtes ont assisté aux superbes travaux de terrassement où s'élève aujourd'hui le Casino municipal, et qui se continuent jusqu'à la mer pour recouvrir en toute son étendue le fameux torrent du Paillon, si renommé pour la disette de ses eaux et que chacun pourra voir symbolisé cette année dans le cortège carnavalesque aux pieds de la Vésubie.

Voilà certes une œuvre grandiose et pour laquelle il n'a point fallu de médiocres ouvriers. Si Nice a un mouvement sans cesse croissant, le luxe s'y développe de plus en plus et les étrangers qui y viennent comme vers un pays enchanteur sont en droit d'exiger certaines améliorations d'une ville qui passe à juste titre pour la plus belle du monde. Chaque jour, s'élèvent de splen·

dides constructions; de nouvelles réjouissances s'organisent. Il est donc indis-
pensable que la vie soit rendue très
agréable et que l'étranger qui honore Nice
de sa présence, emporte après un merveilleux séjour, plein d'agrément, une note tout
à fait enthousiaste. Que les derniers vestiges de la primitive Nice disparaissent
donc et que la coquette station hivernale
toute parée de ses plus beaux atours, mérite bien d'être appelée le « Jardin de la
France ».

Jardin imprégné de senteurs printanières
dont on foule l'herbe amoureusement. Ici,
point de limites bien nettes, point de symé-
trie dans les allées et les plate-bandes
mais simplement un vaste espace dont le
ciel d'azur forme la voûte sans cesse criblée
par les rayons d'un chaud soleil.

C'est cet espace si aimé et si adoré. On
franchit d'énormes distances pour y établir
quelques jours ses pénates. Heureux ceux
qui peuvent y séjourner tout l'hiver à l'abri
des intempéries d'une rigoureuse saison !

Incalculable, le nombre des étrangers
venus pour admirer cette région éthérée;

nombreuses les impressions emportées de
chaque point, car chaque point a bien
son secret. Nombreux aussi les rêves
délicieux qui ont été la conséquence natu-
relle d'aussi doux souvenirs.

Nice est durant tout l'hiver un milieu plus
qu'hétérogène ; l'accent anglais domine et
de beaucoup dans ce monde cosmopolite.
L'Anglais recherche avec frénésie, pourrait-
on dire, la belle nature et si l'été nous le
rencontrons dans les sites les plus riants et
les plus pittoresques de la France et de la
Suisse, il revient chaque hiver vers cette
côte méditerranéenne, qu'il aime comme
le pays qui l'a vu naître. Le calme et le
bien-être qu'il recherche avec passion, le
littoral le lui offre grandement, aussi élirait-
il volontiers domicile dans un pays aussi
ondoyant et divers. La Russie est repré-
sentée par de nombreux fidèles revenant
eux aussi, comme les hirondelles à leurs
premières amours, des différentes parties
du plus vaste des empires. De tous les
points du monde enfin, nous revoyons
chaque année des visages connus, venir
puiser à leur source même, les richesses

3

d'un climat exceptionnel bien fait pour améliorer leur santé tout en leur procurant le bonheur.

Nous n'avons qu'un mot pour caractériser le littoral méditerranéen : c'est sublime, sublime par la douceur du climat, sublime par les contreforts des Alpes, qui semblent se jouer sur la surface tranquille des eaux, sublime aussi par la richesse d'un sol qui a enfanté tant de merveilles.

Les environs de Nice ne le cèdent en rien à ce grand centre ; ce sont d'attrayantes excursions à faire à travers les sites alpestres, d'où le regard peut avancer si avant dans le lointain. Aux intrépides de se mesurer en ces superbes assauts ; ils en reviendront enchantés et ravis, tout en ayant bien accompli leur journée.

A tous les caractères, à toutes les inclinations, Nice offre un vaste champ d'observations. Durant tout l'hiver c'est un monde changeant qui se renouvelle constamment et où s'entremêlent les éléments les plus bigarrés. Un point commun existe cependant entre toutes ces âmes diversement agitées ; le culte de Nice et de son beau climat. Et

tous les étrangers qui viennent à Nice
aiment à fredonner joyeusement avec le
poëte :

Et que me fait l'espace immense
Mon bonheur est là tout entier.
Je ne veux point savoir d'avance
Où finit l'amoureux sentier.

II

LA VIE MONDAINE

———

Un seul mot est capable d'exprimer le caractère des fêtes de Nice : c'est du délire. Il ne s'agit plus de fêtes banales ou grotesques dont les rites extravagants amusent encore chaque année certains pays, mais bien de fêtes ayant le plaisir et la joie comme attributs, de fêtes saturniennes si l'on veut, au milieu desquelles on rencontre à tout instant cette note gauloise et ces accents de nos deux anciens vocables. En tous pays, peut-on dire, Sa Majesté carnavalesque a régné son temps : c'est à peine si quelques troublantes sauteries rompent la monotonie quotidienne. A Nice, le carnaval en est encore à

son âge d'or et chaque année, au milieu de
l'enthousiasme d'une foule joyeuse, nous
l'apercevons au centre de la place Masséna,
debout sur son trône tout enguirlandé, sem-
blant donner le premier le signal de la fête.
Moult personnes défilent devant lui, non
sans cérémonie, car son règne est si éphé-
mère que quelques vingt-quatre heures suf-
firont pour briser son sceptre. N'importe !
Carnaval aura vécu et d'une vie triomphale ;
en son honneur, bien des cris auront été
poussés. Jeunes et vieux gémiront sur sa
tombe en souvenir des bonnes heures passées, de ces heures trop courtes où la nuit
avait hâte de faire place au jour.

Les fêtes données pour honorer ce mo-
narque ne sont certes point vulgaires.

Batailles de fleurs, de confettis ou de ser-
pentins, corsos ou redoutes surpassent tout
ce que l'on peut imaginer. Nous ne cher-
cherons pas dans les menus objets jetés
d'une main à l'autre le succès de ces sports
mais bien dans l'acharnement qui anime
les uns et les autres, dans cet état d'âme
particulier qui amène sur le même terrain,
le terrain de la gaité et du rire franc, les

membres d'une société d'élite heureux de rompre un instant avec la sévère étiquette pour n'écouter que l'entrainement et ses caprices. Qu'il est agréable en ces tournois où les armes sont si innocentes de compter avec l'imprévu, avec cet imprévu souvent si plein de charmes. La liberté prenant un plus grand essor, gentlemen et ladies savent en faire leur profit. Que de fois est-il arrivé aux uns et aux autres de croiser leurs regards en une pointe ardente, que de fois aussi de sussurrer, oh! d'un chuchotement ou les lèvres par un mouvement à peine prononcé exprimaient trop de choses, quelques phrases vagues, indécises. Aujourd'hui, Carnaval a déridé les fronts même les plus austères; cette licence ira même grandissante dans les redoutes, mais alors le moi disparaîtra pour faire place à un moi plus inerte, plus tapageur pourrait-on dire; aux réelles figures se grefferont de nouvelles qui, dans l'agitation fébrile, finiront elles aussi par s'user pour disparaître à jamais.

Les batailles de fleurs, par un resplendissant soleil sur la promenade des Anglais

transformée pour la circonstance en une
véritable arène, nous font assister à ce
spectacle grandiose d'une armée bien dis-
ciplinée, ou chacun seul témoin de ses
grands coups se donne cœur et âme à
la lutte comme s'il s'agit de remporter
une victoire décisive. C'est un véritable
assaut qui se livre et si les fleurs en sont
les seuls projectiles avec leurs délicates
senteurs, le vaincu s'enorgueillit presque
d'être recouvert de toutes ces étamines
multicolores. Dans ces voitures ornées
avec grâce, parées avec le meilleur goût
et avec une inépuisable recherche, un brillant essaim s'agite sous une pluie de fleurs;
nos élégantes du monde entier, aux frai-
ches toilettes toutes étincelantes de rubis,
sont là à leur poste de combat donnant à
la fête ce je ne sais quoi qui n'a de nom
dans aucune langue.

Aucune de nos mondaines ne manque à
l'appel; avec la plus grande affabilité, intrépides, d'un geste, elles envoient une grosse
gerbe toute chamarrée, tandis qu'au même
instant, un véritable amoncellement de
fleurs paralyse leurs mouvements. Ce sont

alors des petits cris, poussés d'une voix
adorable; elles ne se tiennent pas pour
battues. D'un bond, elles reviennent à la
charge avec plus d'énergie et, pendant
quelques minutes, sur tout leur passage,
c'est un tournoi qui se livre et dont elles
sont les glorieuses héroïnes.

Fleurs de l'humaine nature, difficiles à
cueillir toutefois, car les épines sont trop
douloureuses, vous êtes bien l'âme de cette
joie sans mélange, vous si sensibles aux
choses de l'esprit et du cœur, si raffinées,
vous, la digne compagne de l'homme, en
ses joies comme en ses peines, vous, si
pleines de grâce et de volupté !

Quel ravissant coup d'œil, que cette
bande joyeuse, respirant la tendresse et la
candeur, l'œil frétillant, sans cesse aux
aguets, digne ornement d'un si beau cadre !
Tous ces frais minois, si ardents à la
bataille, sans tactique cependant, nous les
rencontrons au grand complet aux soirs de
grande redoute, avec cette même verve
endiablée, cette souplesse plastique qui a
tant d'attraits.

C'est dans les salons du Casino munici-

pal et de l'Opéra, que nos élégantes étalent
à l'envi, leur finesse et leurs attraits en ces
valses entrainantes, aux grands jours de
fête. La figure recouverte d'un voile téné-
breux, ce sont des créatures et voilà tout.
Alors se déroulent une série d'intrigues :
les rires succèdent aux rires, c'est une
véritable comédie, à cent actes divers, qui
s'engage, des scènes désopilantes qui rap-
pellent les personnages de Labiche ou de
Feydeau. L'entrain est irrésistible : on
s'amuse à satiété. Pendant ce temps, Sa
Majesté Carnaval, préside nonchalamment
aux réjouissances, sur son trône ouvert à
tous les vents, avec cette bonhomie qui lui
est propre : il compte encore, heure par
heure, les quelques jours qu'il lui reste à
voir la lumière du jour.

Solennellement, on l'accompagnera bientôt jusqu'à la sépulture. Que d'heures inou-
bliables passées en son honneur, que de
soûvenirs qui revivront sans cesse. C'est
un véritable culte, à Nice, que celui du
Carnaval, auquel on ne saurait consacrer
assez d'offrandes. Sur cette terre tant
recherchée, le Carnaval a voulu établir

son refuge : on l'y a reçu avec tout le
cérémonial dû à sa noblesse, on l'y a adulé
et choyé et chaque année au moment de sa
splendeur, tout un peuple l'acclame et le
porte en triomphe. Bien des rois ne sont
point aussi chéris de leurs sujets. Les
Niçois le considèrent comme leur meilleur
hôte et ne sauraient avoir pour lui assez
d'égards.

Du monde entier, on accourt à Nice,
pour assister aux fêtes carnavalesques;
préparées avec discernement, ces fêtes
s'enrichissent chaque année de nouveaux
éléments. Nous y rencontrons dans le
défilé, des chars gigantesques symbolisant
admirablement telle corporation, des allé-
gories d'actualité, des rodomontades, des
groupes épars, un développement complet
de costumes aux mille couleurs. Tout ce
que peut concevoir une forte imagination,
trouve rang dans ce cortège multicolore.

A cette variété infinie, il serait évidemment préférable, tant pour l'art que pour
le bon renom de la Cité niçoise, de rencon-
trer des œuvres plus éloignées les unes
des autres, car un point commun trop réel,

c'est cette tendance d'exprimer telle idée sous la forme d'animaux. Cette année précisément, le fait apparait d'une façon trop évidente. Il y a là, un danger qu'il serait temps d'arrêter et, qui menace de se propager.

Aux étrangers qui ont le bonheur d'assister à toutes ces fêtes, de raconter par eux-mêmes tout ce qu'ils ont vu, nous pourrions ajouter, tout ce qu'ils ont reçu, en ces jours de liesse. Il n'y a qu'un mouvement pour assurer le succès de ces fêtes, qu'une seule homogénéité. Puisse ce mouvement spontané d'une population aussi nombreuse se perpétuer pendant longtemps et, offrir à l'hôte, qui vient chercher quelque délassement, sous un ciel toujours pur, le plus d'attractions possibles !

Dans une ville comme Nice, les attractions doivent être multipliées, non à l'excès, mais suivant les besoins et les exigences de la colonie étrangère. Il faut donner libre essor à cette vie mondaine si capricieuse, si délicate, ne l'entraver par aucun lien et l'élever au contraire au summum possible.

Deux établissements de premier ordre, le Casino municipal et la Jetée-Promenade, ont assumé cette tâche hardie. Deux lieux de réunion tout-à-fait dignes de la haute société qui fréquente Nice, ayant chacun leur originalité tout en concourant au même but.

Le Casino municipal, bâti sur le torrent même du Paillon, est le centre des réjouissances mondaines. Son jardin d'hiver, merveilleusement disposé, au milieu duquel croissent une grande variation de plantes, est le rendez-vous assidu des personnes aimant le mouvement et l'agitation, avides d'assister aux concerts du maëstro. Une grande animation régne dans l'après-midi, c'est une vraie féerie que cette transformation subite du jour faisant place à la nuit.

Au Casino, ont lieu les grandes soirées de Carnaval, telles que redoutes et vegliones. En outre, des fêtes superbes y sont données fréquemment, tandis qu'une troupe d'élite réunit chaque soir autour d'elle le monde select de la société niçoise.

Le Casino municipal est sans contredit à Nice le lieu des réjouissances par excel-

lence : bals, fêtes, concerts, amusements
de toutes sortes, tout y est combiné avec
aisance pour le bien-être de l'étranger, et
nous n'en voulons d'autre preuve que l'af-
fluence qui le fréquente chaque jour et
sans cesse émerveillée.

A quelques mètres seulement du Casino,
un vaste et somptueux hôtel, dont le restaurant est bien connu des gourmets,
l'hôtel-restaurant du Helder, termine la
place Masséna. Admirablement situé, au
centre même de la cité et du mouvement,
sur le point le plus fréquenté, c'est un des
mieux adaptés au confortable moderne et
aux exigences de la colonie hivernale. Très
intelligemment aménagé, pendant les fêtes,
il est pris d'assaut. Son restaurant de premier ordre est le rendez-vous favori de la
haute société cosmopolite, des délicats et
des friands.

Plus loin, vers la mer, une construction
audacieuse reliée au rivage par une large
passerelle, de création récente, attire les
yeux des nombreux promeneurs de la promenade des Anglais. C'est le casino de la
Jetée-Promenade.

Elevé en pleine mer, une superbe terrasse l'entoure de toutes parts. De cette
terrasse la vue est splendide ; d'un côté la
vaste mer et son large horizon, de l'autre,
les sinuosités du rivage depuis le port jusqu'à la petite station de Cannes. D'une élégance parfaite, la Jetée offre à l'étranger
des réjouissances du meilleur goût : ses
concerts de l'après-midi sont très suivis,
ses représentations théâtrales toujours très
applaudies. Un vaste chàlet oriental
luxueusement aménagé et décoré avec un
soin exquis, voilà bien la Jetée-Promenade.

Durant les fêtes, notamment, la Jetée
ne néglige rien pour assurer aux étrangers des soirées agréables ; aussi, dès une
heure de l'après-midi, c'est un va-et-vient
continuel de jolies mondaines et de gentlemen, heureux de passer quelques instants
sur cette magnifique terrasse pour admirer
la surface changeante des flots.

On s'amuse beaucoup à Nice, surtout durant la période carnavalesque ; ce sont de
partout des sauteries intimes, de joyeuses
équipées, des réjouissances que rien n'é-

gale. Nombreuses sont les villas qui ouvrent leurs salons à une société amie, et
où dans une intimité toute franche, la joie
apparaît dans toute sa force. Cette vie mondaine si goûtée et si appréciée n'est point
sans attraits; c'est une vie artistique,
si l'on peut s'exprimer ainsi, qui ne s'é-
coule point d'une façon maussade mais s'a-
dapte bien aux aspirations d'une société
nombreuse et choisie, à la recherche d'un
idéal et profondément pénétrée de ces trois
nobles idées : le beau, le bien, l'honnête.

Le culte du beau à Nice est légendaire ;
un idéal de perfection anime tous les ta-
lents, et l'art si difficile à concevoir avance
chaque année d'un grand pas. En littéra-
ture, en peinture, en architecture ou en
musique, nous voyons naître des chefs-
d'œuvre inspirés par cette délicieuse
ivresse des beaux jours revenus qui élève
l'âme et l'impressionne agréablement.

Nice est pour l'étranger un lieu de plaisirs. Chaque année il aime à s'échapper
quelques semaines vers ces sentiers fleuris
oubliant toutes les amertumes de la vie.
Cette existence qui a tant de chaines pour

quelques-uns, il en connaît tous les maux.
Il a vu de près, de très près, les angoisses
de la vie, il a souffert peut-être. Aussi, malgré lui ne peut-il s'empêcher de penser à
tant de miséreux qui souffrent, non plus de
peines morales, mais de la misère dans
toute l'acception du mot. En son cœur ten-
dre et compatissant il n'oubliera point tous
ces malheureux si dignes d'intérêt, qu'un
sort prédestiné a jetés comme de misérables
épaves à tous les vents. D'un mouvement
spontané et généreux il écoutera cette voix
intérieure qui le supplie de faire le bien et à
tant de cris de détresse qui s'élèvent comme
d'une tombe, il répondra par un seul mot.
Il trouvera ainsi le plaisir meilleur, et tout
en s'amusant de bon cœur et sans soucis,
il se ralliera aussi de bonne grâce à l'éternel et noble principe du Comité des fêtes de
Nice : « Plaisir et Charité ».

4

III

AUTOUR DE NICE

ORTONS un peu de toutes ces fêtes pour essuyer plus à l'aise les flèches d'or du roi des soleils. Éloignons-nous au hasard à quelques kilomètres par une délicieuse après-midi de février ou de mars. Si nous poussions une pointe jusqu'à Cimiez, le lieu favori de la reine Victoria.

La route est superbe jusqu'aux arènes et au jardin zoologique. La vraie campagne quoi! des fleurs, de la verdure, des palmiers et des orangers. Châlets et villas luxueuses s'ouvrent comme sur un décor. Une large plaine abrite dans son sein toutes ces constructions aux styles les plus

différents, d'un goût exquis et dont quel-
ques-unes sont de vrais chefs-d'œuvre. A
toutes, une main capricieuse a présidé et
chaque année, au retour de la saison, nouvelles retouches, nouveaux coups de pin-
ceau. On sent qu'il y a là un luxe plus que
raffiné en même temps qu'une certaine
émulation.

A quelques minutes seulement de Nice,
la plaine de Cimiez, si attrayante pendant
l'hiver, est chaque année bien recherchée.
Venir à Nice pour s'enfermer dans les hôtels ou les villas des avenues et des boulevards sans jouir à son aise de cette belle
nature toute méridionale autant rester chez
soi, au coin de l'âtre et faire tisonner le
foyer. Le matin, à l'aube, pouvoir ouvrir
grandement ses fenêtres et laisser pénétrer
quelques rubans de feu, respirer cet air
frais et ces délicates senteurs qui le parfu-
ment, aller cueillir soi-même quelques pa-
quets de fleurs dans le jardin, alors qu'elles
sont si tendres et si embaumées, n'est-ce
pas préférable que d'errer à petits pas sur
les boulevards. Mille fois, n'est-ce pas !

Qu'il fait bon assister au lever du soleil,

à cette toilette de la nature, à l'épanouissement de toutes ces corolles que la nuit avait
un instant ridées. Même les plus menus
objets ont leur charme. On aime à poser la
main d'ici, de là, à remuer, à cueillir, à suivre cette végétation si appréciable d'un
jour à l'autre. A chaque minute, Phœbus
vous envoie de nouveaux rayons et lorsqu'arrive l'heure du déjeuner, le cœur content, l'âme imprégnée des émotions de la
matinée, vous vous mettez à table de bon
appétit, trouvant les mets meilleurs que
d'ordinaire.

Point d'importuns pour vous contrarier :
quelques familiers seulement avec lesquels
vous échangez vos impressions. Affaires et
politique surtout, vous reléguez tout au
dernier plan. Vie champêtre, solitaire si
l'on veut, mais qui n'est pas sans vous
emporter malgré vous vers des régions
sereines où la pensée, forte et ardente,
puisse se donner libre carrière.

Un jeune diplomate étranger venu l'an
dernier à Cimiez pour un séjour de quelques semaines accompagné d'un éminent
praticien, écrivait à ses proches : « tout ce

que je pourrais vous dire du spectacle que
j'ai sans cesse sous les yeux, vous ne pou-
vez à peine en soupçonner l'existence; je
m'y plais tellement que je ne sais comment
j'arriverais à m'en éloigner ». Que de personnes tiennent le même langage et vou-
draient s'éterniser en ces journées si ra-
dieuses.

Comme le séjour est enchanteur dans
ces parcs aux grandes lignes avec leur nid
de verdure et leurs gazons émaillés de
fleurs; dès les premières lueurs du jour,
tout s'éveille, tout se pare. C'est une toilette générale qui ne prend fin qu'avec la
lumière du soleil. Mais alors tout resplen-
dit d'une vive couleur, tout s'anime, tout
veut paraître quelque chose dans ce grandiose et vivant tableau.

Avouez que vous préférez de tels sites
aux avenues de la cité où du reste vous
avez le loisir de passer de temps à autre.
Ne vous semble-t-il pas aussi que la vie
s'écoulant plus aisément, l'esprit se repose
davantage et devient plus lucide. Point
besoin ici de se parer de riches toilettes,
de mêler à l'or l'éclat des diamants, mais

une simplicité adorable qui tranche bien avec le milieu témoin de vos ébats.

N'allez pas croire qu'on vous demande d'être un Alceste, de fuir la société, de maugréer contre elle. Loin de là. A chacun de vivre comme il l'entend, mais à chacun aussi de rechercher tels endroits paisibles bien ensoleillés où il pourra goûter à son aise aux mille trésors de la nature, au milieu d'un mélange infini de plaisirs sans cesse renouvelés et bien faits pour récréer,

A tous ceux qui hivernent chaque année sur cette belle plaine de Cimiez, sise à mi-côte, comme aux nombreux promeneurs qui l'arpentent chaque jour, nous demanderons s'ils connaissent un côteau plus agreste, une pente plus douce, au pied même des Alpes massives élevant leurs crêtes gigantesques ? Côteau riant s'il en fût, d'où l'on aperçoit le circuit de la ville de Nice et les grandes lignes de la Méditerranée.

Tous ont voulu visiter le couvent de Cimiez et s'arrêter dans ce vaste couloir qui mène du péristyle de l'église au cloître lui-même, pour admirer quelques gravures très curieuses incrustées dans le bois et rappelant les sombres jours de la communauté. La vieille pioche romaine a laissé partout ses traces comme du reste sur tout le littoral. A quelques pas, le vieil amphithéâtre romain avec ses murs crénelés en forme de cirque ovale et ses bancs taillés dans le granit. Curiosités usées, mais qui passionnent tout de même encore.

Agréable séjour que celui de Cimiez; hôtes fidèles que les privilégiés de cette campagne. Au mois de mai, matin et soir, un équipage royal parcourt dans tous les sens jusqu'aux plus infimes sentiers; c'est la seconde patrie de la reine Victoria qui préfère mille fois cette sérénité douce, cette quiétude, ce vert bocage à toutes les munificences de la capitale britannique.

Du plateau de Cimiez on aperçoit parfaitement une masse informe, aujourd'hui en ruines, autrefois le point essentiel de défense de la nation transalpine. C'est le Château. On ne saurait projeter promenade plus attrayante, plus pleine de souvenirs héraldiques. Qui n'a pas fait la promenade du Château ne connaît pas Nice.

Sur une falaise presque rectiligne, élevée

de quatre-vingt-treize mètres à son point culminant, se dressent les derniers vestiges de l'antique citadelle. On y accède par plusieurs voies. La plus curieuse, l'escalier Lesage dont les lacets côtoient la tour Bellanda est le chemin des intrépides. Aujourd'hui, plus de traces des anciens remparts ; à la place, des aloès et des cactus. La nature a tout transformé. On se croirait dans un square tellement le gazon est vert et frais, les plantations remarquables. Au milieu, une superbe cascade alimentée par les eaux de la Vésubie se déverse dans tous ces jardins dessinés avec goût pour y répandre une délicieuse fraîcheur.

Montons sur la plateforme au pied de laquelle ruisselle la cascade. Le coup d'œil est splendide. D'un seul regard, on embrasse toute la ville de Nice avec son collier de fleurs, la vaste plaine qui la relie aux Alpes toute chamarrée de couleurs et enfin cette digue infranchissable de montagnes, qui semble commander à la mer et la faire ployer sous son joug. Un bleu d'azur qui se confond avec celui des flots tapisse la voûte céleste et donne à ce tableau quel-

que chose de saisissant, qui vous émeut. A
vos oreilles bourdonne un doux murmure,
vous restez en extase devant l'immensité
du ciel.

Que ne suis-je poète pour exprimer merveilleusement mon état d'âme en des
rythmes cristallins et des accents émus !

A toutes les heures du jour, de l'aube au
crépuscule, une nuance particulière anime
cette scène : le coucher et le lever du soleil
y sont imposants.

Descendons par la rue du Château ;
saluons en passant, le monument élevé
aux malheureuses victimes du théàtre.
Nous arrivons bientôt à la vieille ville. Nous
relevons plusieurs fois la tête comme pour
emporter de notre course sur ce rocher
abrupt, un souvenir plus précis, des détails
plus circonstanciés. Les allées nous appa-
raissent toujours aussi riantes, avec leurs
aloès et leurs palmiers. C'est une sorte de
contre épreuve que nous faisons et qui a pour
point unique cette fois une charpente ro-
cheuse comme enracinée et indestructible.

Peu nous importait sur cette terrasse
vertigineuse le monde et le bruit, les

cacophonies et les lazzis. Nous étions
comme fascinés par cette toile aux éléments
si disparates où nombre de peintres avaient
travaillé et où d'inombrables mains avaient
consacré une partie de leur existence.

Que de grappes humaines ont contribué
à embellir Nice, à la doter de ses remarquables travaux. La promenade des Anglais n'est-elle pas comme le couronnement
de tous ces efforts.

Sur cette vaste promenade plantée de
palmiers, avec son myrte presque séculaire,
d'élégantes architectures forment à droite
un décor artistique qui s'enrichit chaque
jour ; à gauche les vagues même de la mer
viennent lécher les galets et le sable de
l'étroite plage.

La promenade des Anglais est le rendez-
vous classique de l'élégance mondaine de
la colonie étrangère. Les fervents de la
pédale y défilent avec une désinvolture sans
pareille et nos jeunes miss enlacées dans
un pimpant costume rivalisent de légèreté
et d'adresse. Elles aussi veulent battre le
record de la prestesse : avec leur fine taille
adorablement bouclée, leurs jambes mode-

lées se meuvent avec aisance. Les voilà
lancées comme un éclair.

Venez dire après cela, gens moqueurs,
que la bicyclette est contraire à la santé de
la femme et qu'elle peut amener chez elle
certaines perturbations d'ordre tout à fait
intime. Eh bien! non. La bicyclette est
même une hygiène pour la femme, une
gymnastique savante dont cependant il ne
faut point abuser. Tout abus est préjudi-
ciable même ceux dont on dit le plus grand
bien. Voyez plutôt, surtout dans la matinée,
cette agréable procession de jeunes cyclistes
déambuler paisiblement sur la promenade : toutes ont une santé parfaite ; comme
elles sont alertes et agiles. Interrogez, au
besoin, quelques ladies : leur laconique
réponse vous édifiera vite. D'un mouvement elles laissent loin derrière elles ces
somptueux équipages qui cheminent, eux
aussi, sur cette radieuse avenue, à pas lents,
comme pour mieux contempler la plaine
liquide.

Un peu avant l'heure du five o'clock,
l'animation est grande sur cette promenade
pour assister au coucher du soleil et au

commencement du sommeil de la nature.
Dans ce milieu si exotique, c'est un défilé
de riches toilettes, d'élégances raffinées,
de froufrous joyeux, de notes étincelantes
sous les rubans du soleil. L'esthétique, si
malaisée, aurait là certainement un ample
champ d'observations et plus d'un artiste a
été frappé des modèles qui passaient sous
ses yeux comme les étoiles au firmament.

Tel, assis sur un banc, feuillette rapide-
ment un journal politique de son pays, sans
se préoccuper de ce qui se passe autour de
lui. Tel autre, a l'air plus *grincheux*; il
épluche mot par mot les résultats de la
Bourse ; son front paraît se plisser et à sa
blanche chevelure, il est facile de reconnaître que des soucis roulent dans sa
tête. Ce doit être quelque vieil Harpagon
qui songe à emplir sa chère cassette de
bonnes espèces sonnantes. Plus loin, deux
gentlemen sont arrêtés, la face tournée
du côté de l'eau. Ils causent même bruyam-
ment tout en étirant leur longue moustache.
Le trente et qurante est le sujet de leur
conversation. Ils discutent ferme comme
deux diplomates. On sent qu'ils ne sont

point dans leur milieu et que leur place est
auprès du tapis vert. Plaignons-les, car ils
en connaîtront assez les déboires. A chaque
équipage qui passe, mille réflexions l'ac-
compagnent. Dans un groupe voisin, quelques clubmen s'entretiennent de l'arrivée
de certaines demi-mondaines à la mode ou
du succès de telle artiste : on se fait des
confidences, mais chut... ne soyons point
indiscrets. En voici qui sont plus audacieux
et qui ne se gênent point pour flirter. Ils se
lancent carrément à la poursuite d'une
belle qui passe, croisent avec elle quelques
sourires, font les cent pas pour aboutir
bien souvent à un échec. Mais le temps
passe et c'est ce qu'ils demandent. D'ici, de
là, mille riens attirent les regards : voilà
les automobiles avec leur soufflet sonore,
les petites voitures d'enfants, les mail-
coach, les tandems, les cavaliers et les
amazones montés sur de fringants cour-
siers, de jolis petits ânes enfourchés par de
gracieux enfants, tout un monde enfin avide
de distractions.

Dès que les becs s'illuminent, c'est une
fuite générale : chacun regagne le « home »

le cercle ou la salle de lecture en attendant l'heure du diner.

La gaie promenade va prendre à son tour un peu de repos : à peine quelques couples cherchant la solitude viendront rompre cette monotomie. N'est-ce pas alors, sous le beau clair de lune se reflétant sur le miroir des eaux, éclairée par le scintillement des étoiles, que cette promenade revêt toute sa beauté. Ames délicates et impressionnables. poussez une pointe le long de la promenade un soir que la lune éclairera vivement la terre : vous serez ravis par le magnifique spectacle qui s'offrira devant vous et dont le ciel et l'eau seront les deux principaux acteurs.

Si vous n'apercevez point le sillage des gondoles comme à Venise, du moins éprouverez-vous le même sentiment, la même émotion.

IV

A MONTE-CARLO. — MENTON

———

ONACO! nom retentissant, sonore même. Par combien de voix n'a-t-il pas été prononcé. Que de personnes citent aujourd'hui ce mot avec épouvante, car de cette ville on pourrait presque tirer une philosophie fort en rapport avec les tendances du siècle à son déclin.

Si ce nom éveille des souvenirs nombreux, joyeux ou moroses, la route qui accède à la principauté, soit par la Corniche, soit par la mer, est bien la plus intéressante qu'il soit au monde. Prenons, si vous le voulez, celle qui longe la mer et traverse le petit port de Villefranche. Une

5

fois sorti de Nice, vous êtes content d'en
avoir fini avec ces rues plus ou moins ali-
gnées. Après avoir contourné le mont
Boron, l'air n'est déjà plus le même ; un
doux parfum chatouille naturellement l'odo-
rat sur cette route étroite, à peine taillée
entre l'océan et la montagne. Superbes,
les villas étagées sur la pente abrupte des
Alpes avec leurs fleurs et leur feuillage
épais, superbe aussi cette rade de Villefranche, abri sûr pour les flottilles. Nous
contournons la rade et nous rejoignons la
voie ferrée. La route va désormais suivre
une marche parallèle avec quelques lacets
de plus. Comme c'est pittoresque. De grandes courbes, des pentes très fortes, des
descentes vertigineuses : l'œil plonge dans
la vaste mer non sans mesurer l'abîme
qui se dresse menaçant. La montagne des-
cend à pic jusque sur la route elle-même
comme pour mieux l'isoler. Le soir, à la
nuit, c'est presque lugubre alors qu'au
milieu des ténèbres un profond silence
règne de toutes parts. Nous traversons
ainsi, à son origine, la presqu'île du cap
Ferrat qui s'avance un peu avant dans la

mer pour arriver bientôt au joli petit vil-
lage de Beaulieu. Le paysage change subi-
tement. Une luxuriante végétation apparaît
à nouveau. La chaine de montagnes s'est
retirée en arrière comme pour donner libre
essor à de longues promenades, à des jardins riants, à des parcs et à des bois.

Sur le rivage, avec sa terrasse qui s'ouvre sur la Méditerranée, son parc aux hui-
tres et ses petites flottilles qui font voile
dans la baie, le restaurant de la Réserve
de Beaulieu est la halte favorite de la
riche clientèle qui, en hiver, fréquente la
Côte-d'Azur. On y jouit d'un panorama
splendide, tout en dégustant une cuisine
des plus renommées et des vins de tous les
grands crus. Arrêtons-nous-y quelques
minutes pour jouir de ce ravissant coup
d'œil.

Reprenons ensuite notre route vers Eze,
en longeant toujours la voie ferrée, après
avoir passé le cap Roux. Nous voilà de
nouveau pris entre l'eau et le rocher,
à travers mille précipices affreux. C'est
tout de même curieux, si curieux qu'on ne
s'en lasserait jamais. La route est réelle-

ment agréable : pas un seul instant les
yeux ne se reposent. Nous apercevons au
loin l'arète de la Tète-de-Chien qui domine
la principauté de Monaco. Nous doublons
vite le cap d'Aglio pour arriver à la principauté que des poteaux aux couleurs
monégasques nous indiquent.

Élevée au sommet d'un rocher, ramifica-
tion des Alpes, la ville de Monaco est
reliée au continent par un isthme occupé
par là Condamine. Le rocher qui sert de
piédestal à la ville contourne une rade
semi-circulaire d'un aspect plutôt pittoresque. Sur la plage, les Thermes Valentia,
vaste établissement de bains.

Par la Condamine, nous arrivons direc-
tement à Monte-Carlo, le refuge du trente
et quarante et de la roulette. Arrivés au
sommet de l'Avenue, pour nous délasser
des trépidations de la voiture, nous avan-
çons sur la terrasse élevée au-dessus de
la voie ferrée. Le spectacle est inoubliable.
C'est une vraie féerie. Au loin, vers l'est,
les côtes italiennes de la Méditerranée
avançant leurs pointes de terre ; à l'ouest,
la ville de Monaco et ses jardins, le palais

des Princes, la rade, la pleine mer. De chaque côté les sinuosités de la voie ferrée, et si nous relevons le front, la fameuse arête de la Tête-de-Chien qui semble prendre l'offensive devant nous.

Nous tournons le dos, sans nous en douter, au tapis vert où, tandis que nous admirons le magnifique paysage qui s'étend si loin, tant de frissons agitent les familiers du cercle.

Le casino de Monte-Carlo peut, à juste titre, être appelé le Temple de la Fortune.

Ils sont nombreux, trop nombreux, hélas, les adeptes de cette passion dévorante qu'on appelle : le Jeu. Un instinct les torture, les harcèle constamment : ils sont malades lorsqu'ils ne touchent point les cartes ou lorsqu'ils demeurent plusieurs jours loin du tapis vert. Le jeu, c'est leur vie, mais aussi quelle vie ! Une vie pleine d'amères déceptions, de désespoir même. Comme les secondes de joie sont fugitives. C'est au plus profond de leur être, que cet amour est gravé à jamais, il s'accroîtra, mais pour s'atténuer, n'y comptez point. Le vrai joueur fera des lieues et des lieues

pour donner libre carrière à ses penchants :
causez-lui lorsqu'il joue. Il vous répondra
évasivement, par politesse, car dans le
délice de sa passion, son trouble est évi-
dent et seules les cartes ont accès dans
son esprit. Il oubliera même de manger,
et s'il le pouvait, il passerait ses nuits sans
prendre aucun repos, jusqu'à tomber
d'inanition. Le jeu l'a tout transformé,
en son cœur comme en son âme, il a
changé du tout au tout.

Entrons dans cette luxueuse salle de
jeux. Un bon point déjà ! L'âcre fumée ne
vous oblige point à éternuer. Autour de la
roulette, un triple cercle de joueurs des
deux sexes attend impatiemment l'heureux
numéro que la boule va amener. Pair ou
impair, passe ou manque, noir ou rouge,
le traditionnel râteau va passer là-dessus
et ramener à la banque, écus et louis. On
recommence et le tour est joué. Pendant ce
temps, deux bonnes dames se disputent
une place qui vient d'être libre, un vieux
monsieur se plaint avec chaleur que sa mise
a été avancée ou reculée, tandis que deux
intimes épiloguent sur la société qui com-

pose la table. Toutes les deux ou trois
minutes, on annonce d'une voix ferme le
numéro gagnant, un petit tumulte se pro-
duit auquel un glacial silence ne tarde pas
à succéder.

Plus loin, le trente et quarante. Si l'on
ne se fait pas trop de mal à la roulette,
comme dit le vocable, en revanche, ici, ça
va beaucoup plus vite. Trente et quarante
sont vite comptés. Après chaque coup de
carte, le joyeux cliquetis des pièces d'or et
le léger bruissement des billets bleus se
confondent dans une même harmonie. Les
uns alignent sans sourciller devant eux
leurs louis en plusieurs rangées, les comp-
tent et les recomptent, tandis que les autres,
ceux que l'on vient de ratisser, consultent
patiemment leur courbe graphique et la
pointillent. Nouveau coup de cartes, nouvelle scène. Les visages demeurent toujours
placides. Près de moi cependant, une
vieille dame, d'un embompoint marqué chu-
chote quelques phrases grotesques, et, effec-
tivement, j'aperçois à côté, un monsieur
non moins bien portant, qui est gêné et ne
peut jouer des coudes : vous allez voir

tout à l'heure que l'orage va éclater. Il y a
de quoi rire.

En face, un jeune imberbe pince les
lèvres avec colère; il tire un dernier billet
de mille de son portefeuille et le jette sur
le rouge. Tout de suite il se lève, se retire
de la table, et pour cause. Une dame se
permet alors une réflexion que vous avez
déjà devinée. Un vieux bonhomme au cuir
chevelu excite par instants les sarcasmes
de la table; toutes les vingt minutes environ, il avance péniblement son louis sur le
noir en l'accompagnant de force gestes; il
suit le mouvement des cartes tout yeux et
tout oreilles et si la chance se retourne
contre lui, il roule son crâne dénudé entre
ses deux mains et fait cent grimaces. Pour
un peu, il demanderait qu'on lui donne
gagné, par faveur, entendez-vous. Je le
rencontrai un soir après la fermeture, dans
le jardin, seul, si hébété, que je l'inter-
pellai : Eh bien, ça n'a donc pas marché
aujourd'hui, que vous me paraissez si
mélancolique.

— Oh! ne m'en parlez pas, mon bon
monsieur, tout en comptant au fond de sa
poche ses quelques louis.

— Vous avez donc essuyé une grande perte, lui répondis-je.

— Ma foi, monsieur, aujourd'hui, je n'ai point assez calculé et je me suis laissé enfoncer.

— Enfoncé, lui répondis-je. Quelle horreur ! Et de combien ?

— J'en suis de..... deux louis. A ces mots, je ne pus m'empêcher d'éclater. Puis il reprit :

Songez donc monsieur que c'est une grande perte pour moi qui ai toujours l'habitude de gagner mes trois louis par jour et d'en mettre deux de côté.

Sur ces mots, je pris congé de ce gros appétit. Décidément le mot de La Fontaine : « contentement passe richesse », n'est pas partagé par tout le monde, même par ceux qui ont l'expérience de la vie.

Encore, toujours et toujours, disent ces financiers fin-de-siècle. Jamais assez.

Revenons à notre salle. Autour des tables plusieurs rangées de curieux se tiennent debout. Dans le coin, comme hébété, un monsieur d'une quarantaine d'années paraît visiblement ennuyé ; c'est en vain qu'il retourne ses poches et qu'il ouvre son portefeuille. A côté de lui une jeune dame les yeux baissés réfléchit avec ferveur tenant à la main son ridicule. Sur toutes les banquettes, des physionomies inquiètes, troublées : on me montre tel monsieur qui vient de perdre au trente et quarante cinq fois de suite le maximum.

Dans cette salle où règne toute la soirée une activité fiévreuse, essayez de lire sur tous les visages. Combien en apercevrez vous de radieux et par contre combien ne reconnaîtrez-vous pas des figures abîmées par la douleur, des mines patibulaires, des chevelures blanchies avant l'âge, des spectres même ? C'est désolant pour l'humanité, mais ça n'existe pas moins. Et, chose plus terrible à concevoir, le fléau est loin de s'éteindre : il empire au contraire et ne cesse pas d'inquiéter la société. Quelle prime ne devrait-on pas donner au savant qui découvrirait un virus à opposer à cette peste humaine et éviterait bien des désastres !

Monte-Carlo et ses environs, si dignes d'être parcourus avec leurs sentiers escarpés et leurs taillis ne sont-ils pas mille fois préférables à cette salle ruisselante de sueur où les bâillements se communiquent d'un point à l'autre.

Allez jusqu'à la Turbie par le chemin de fer à crémaillère. Dans votre course ascensionnelle, vous traverserez une série de points merveilleux. A l'extrémité d'une large allée plantée de platanes, vous découvrirez devant vous un des plus beaux points de vue du littoral ; vous apercevrez même, si le temps est beau, la silhouette de l'île de la Corse. En souvenir du siècle d'Auguste, passez devant cette tour quadrangulaire si religieusement conservée, appelée tour de la Turbie.

De Monte-Carlo à Menton, le rivage ne diffère en rien du précédent. Nous contournons d'abord un golfe assez profond, dont Cabbé est le centre de la concavité, pour rejoindre ensuite à quelques mètres plus loin la route de la Corniche. Nous laissons au large le cap Martin, la résidence impériale, pour filer en droite ligne sur Menton, en cotoyant la mer.

Menton est la dernière station française

du littoral. A quelques kilomètres plus loin
le territoire italien.

Le climat de Menton est très recherché
aujourd'hui des étrangers. Il est plus doux
que celui de Nice et moins sujet aux varia-
tions fréquentes de température. Les promenades y sont intéressantes et variées,
au milieu des citronniers et des oliviers.
Du rivage on aperçoit très bien la pointe
effilée du cap Martin et le soir la vive
clarté du sémaphore. Riches villas, élé-
gants châteaux, riants chalets y sont ré-
pandus à profusion. C'est une vie rustique,
adorable en sa simplicité que la vie de Menton. Le site lui-même est ravissant et rappelle certaines stances élégiaques. On y
goûte le plus grand calme sous la douce
sérénité d'un ciel toujours bénin.

A l'époque des fêtes, la cité mentonnaise
ne reste point en arrière. Une société choisie se distingue dans les batailles de fleurs
par son empressement à conquérir des
lauriers. La lutte est très vive, la joie iné-
narrable. On sait se récréer dans cette jo-
lie station où l'on brûle beaucoup d'encens
sur l'autel de Terpsichore.

Menton est et sera toujours le lieu favori
des délicats à qui répugne les plaisirs des
foules et qui préfèrent une tranquillité bien
assurée dans un petit clos, le long de la
mer, loin des grosses caisses, dans une
franche familiarité qui n'exclut point le
plaisir et la joie. La campagne de Menton
est bien faite pour satisfaire à tous les
goûts et l'on peut dire que du cap Martin à Menton, c'est bien la partie la plus
agréable du littoral méditerranéen, tant
au point de vue de la richesse du climat
que du site lui-même.

Nous apercevons presque le pont Saint-
Louis, jeté sur le torrent de ce nom, point
terminus du sol français. Des rochers qui
en limitent le précipice, on embrasse d'un
seul regard la rade, les lacets du chemin
de fer, la cité, la plaine toute verte d'oliviers,
et plus loin, les grands traits du littoral
français et italien. Un paysagiste menton-
nais, M. Bertrand, a su rendre admirablement, en des vues modèles, ce superbe panorama, comme du reste tous les points in-
téressants de Menton.

Des hôtels d'Italie et de la Grande Bre-

tagne situés à mi-côte, on jouit magnifiquement de la pleine mer. Le point de vue y
est superbe, surtout celui de la côte ita-
lienne. Ces deux hôtels occupent la plus
ravissante position et sont très recherchés
de la colonie étrangère.

Mais nous arrivons aux confins du territoire.

On dirait que la nature a voulu donner à
cette rive, si délicieusement belle, une fin
digne d'elle et fermer ce littoral français
si fréquenté par un de ses sites sensa-
tionnels par une de ses merveilles où elle
apparait toute souriante en son idéale
beauté.

V

IMPRESSIONS DIVERSES

L serait puéril d'affirmer que les étrangers affluent vers le littoral pour y faire une cure sous un climat si propice. Quelques-uns, évidemment, sont guidés par cette pensée, mais non les plus nombreux. Quoiqu'on en dise, l'étranger vient à Nice, surtout pour se distraire, pour fuir ce maussade hiver avec ses neiges et ses froides gelées, pour vivre auprès du doux murmure des eaux si carressantes et si tranquilles. Il aime à goûter

A ces plaisirs légers qui font aimer la vie.

A chaque caractère, à chaque esprit, le littoral varié à l'infini offre un gite.

Au poète amoureux des métaphores,

au philosophe doublé du philanthrope,
à l'artiste enfin, chaque lieu revêt quelque
chose de sacré. La nature se déploie en tous
ses atours comme pour plaire d'avantage
et se faire adorer.

Habiter une villa près de la mer, avec
un parc orné avec grâce, n'est-ce pas le
rêve? Cultiver les fleurs suivant son caprice, assister à leur éclosion, les cueillir
chaque matin après la rosée, entendre le
gazouillement des oiseaux dans les touffes
de pins ou de lauriers, contempler dans
la prairie voisine les vaches aux pleines
mamelles avec leurs petits veaux, les bre-
bis et leurs frêles agneaux qui paissent
sous l'œil vigilant du pâtre, et là-bas, sur
la mer, quelques barques de pêcheurs,
ne vaut-il pas mieux que de se pâmer l'a-
près-midi à Monte-Carlo, à la recherche
de la veine qui persiste à se montrer re
belle.

Lorsque la mer est calme, c'est délicieux
de se laisser emporter sur le miroir des
eaux par ces coques si souples et si légères au caprice du zéphyr.

Voyez donc, là-bas, ce joli yacht qui file

à toute vapeur sur Villefranche avec sa bande joyeuse, comme si Neptune l'accompagnait. Dans le lointain, à plusieurs milles, une épaisse colonne de fumée : quelque paquebot qui arrive et dont nous verrons bientôt le pavillon.

Voilà pour la vie champêtre dont chaque côté est enviable. Voilà le vrai agrément de cette côte d'azur. On vit de l'essence même de la nature, sans qu'il y ait rien d'artificiel et de guindé. Tout est animé ; un souffle vivifiant pénètre tout. On peut au moins respirer à pleine haleine un air plus que salubre, sans l'appréhension des miasmes pestilentiels et des odeurs nauséabondes qui infectent inévitablement les centres où tout est réglé d'une façon trop pratique.

C'est la santé, c'est le bonheur.

N'était-ce pas le rêve d'Alphonse Karr, l'idée maitresse de ses œuvres.

Les étrangers se rendant sur le littoral pour y demeurer une, deux, trois semaines, un mois, si vous voulez, ont tout intérêt, naturellement, à descendre à Nice où leurs goûts seront entièrement satisfaits.

6

Ils pourront, de là, faire les promenades
qui leur plairont, et tous les moyens de lo-
comotion leur seront offerts. Ils assisteront
aux fêtes carnavalesques, leur régal.

De tout cœur nous leur souhaitons de
s'y amuser beaucoup.

Pour les fervents du trente et quarante,
leur unique bonheur est d'être autour du
tapis vert. C'est là le mobile, et le seul
mobile qui les attire vers le littoral. Peu
importe à cette classe les délices et les se-
crets de la nature. Laissons-les à leur entrainement

Rions, sautons, émancipons-nous même
sous le plus beau ciel de la création ! Après
tout, la vie n'est pas si longue, puisque nos
jours sont comptés. Nice nous offre des
réjouissances qui ne sont point ordinaires :
profitons-en, Carnaval n'apparaît qu'une
fois par année. Mais au milieu de notre
allégresse, ayons toujours le culte du beau
et du bien, deux sentiments élevés qui, à
Nice, plus que partout ailleurs, doivent se
partager notre cœur.

Que la magnificence de cette belle contrée soit pour nous sentie en ses plus

infimes détails et que pour l'honneur de
l'art et de la délicatesse du sentiment nous
puissions, comme le poëte, découvrir le fin
mot des scènes sans cesse renouvelées à
nos yeux, en saisir les nuances, profondes
ou superficielles, en analyser les caractères.

Pendant les quelques heures qu'il nous
est permis de prendre le masque et de nous
abriter derrière ce jouet, jetons bas les
scrupules trop prétentieux et mêlons-nous
à la farandole qui passe. Jeunesse et vieil-
lesse, beaux et laids se confondent; dans les
accoutrements, les sexes se mèlent; c'est
comme une démocratie affublée diversement mais dont tous les membres ont les
mêmes prérogatives. Tournons et retour-
nons aux sons de l'orchestre entrainant,
comme enivrés par une joie débordante, ne
perdons pas la moindre seconde car demain
tout aura disparu. En ces soirées divines
où règne un laisser-aller plus que sublime,
vous n'entendez aucune plainte : l'heure de
la séparation est retardée autant que possible et lorsqu'arrive le moment de passer
au vestiaire et de s'emmitoufler, malgré un

véritable épuisement, on reviendrait encore volontiers à l'assaut.

Plus de masque pour se retrancher, plus de loups, mesdames, pour loger votre frais minois, pour rire aux éclats, pour intriguer des visages connus.

L'an dernier, si j'ai bonne souvenance, le samedi qui précédait le mardi-gras, les propriétaires d'une splendide villa sise sur le chemin de Villefranche, avaient convié en une fête de famille un cercle nombreux d'invités. Pour la circonstance, la villa avait été superbement attiffée. Des flambeaux étaient suspendus jusqu'aux plus hautes branches du parc, les fenêtres ruisselaient de feux, tandis qu'à l'entrée une double charpente embrasée formait comme un arc de triomphe. Dans les salons pompeusement ornés se pressait une foule élégante, entourant le maître et la maîtresse de céans. Vous raconter ce que l'on s'est amusé pendant cette soirée, ce que l'on a ri de bon cœur, je renonce à vous le décrire. Vers les trois heures du matin, par je ne sais quelle impulsion, les invités firent tout-à-coup irruption dans le parc.

Par ci, par là, quelques flammes hale-
tantes, pas la moindre brume, un splendide
clair de lune, un indéfinissable bien-être.
On avait même pas songé à se couvrir les
épaules tellement le ciel était pur, l'atmosphère léger. Un silence glacial planait sur
la terre. Le bruit des vagues seul, assour-
dissant, rompait une agréable monotonie.
La mer était superbe avec ses reflets lumi-
neux, limitée par un rivage dont les saillies
en forme d'arête formaient le plus pittoresque décor. Une vive lueur descendait
de l'astre brillant comme pour donner de
l'éclat aux couleurs des plantes. Une délicieuse fraîcheur enveloppait tout le paysage,
les étoiles resplendissaient au firmament,
on se serait cru entre deux surfacee polies
reflétant inégalement une lumière tamisée.
Dans le lointain, pas même l'apparence
d'un brouillard, d'ici, de là, quelques lueurs
indécises.

Ce fut un régal pour tous les invités
d'assister à pareil spectacle, à une heure
aussi avancée, alors que tout dormait d'un
profond sommeil. Ils demeurèrent aisément
une demi-heure sur la terrasse, bâtie à
quelques mètres seulement de la mer.

Voilà bien, disait en se retirant une de nos plus aimables parisiennes, le vrai clou de la soirée, œuvre spontanée de la création. Voilà bien, après tant de rires, un vrai feu d'artifice qui éclate sans la main de l'ouvrier, par la seule puissance de la nature. Qu'il est délicieux de regagner son lit par une nuit aussi étoilée et de se jeter dans les bras de Morphée sous un pareil état d'âme.

VI

APRÈS LE CARNAVAL

ARNAVAL est mort. Adieu les masques et les travestissements. Adieu les batailles ardentes, les héros et les héroïnes. Adieu aux plaisirs dévorés.

La nature cependant demeure toujours la même, le ciel ne perd rien de sa luxure. Laissez vite s'écouler la foule pressée accourue pour assister aux derniers jours de Sa Majesté. Une fois le calme rétabli, vous trouverez déjà plus de charme à être moins bousculé, alors que les rangs seront moins épais.

L'approche du printemps, de cette aurore nouvelle tant saluée par le laboureur qui

va rendre le sol fécond et productif, vous
fera apprécier encore davantage tous ces
petits coins de la Méditerranée, épars çà et
là entre les rochers. Vous pourrez vous
livrer à votre aise à toutes ces promenades
attrayantes et faire plus ample connais-
sance avec les anneaux de la chaîne des
Alpes. A cette époque, le climat est assez
stable malgré l'accroissement de la température ; les soirées ont même une certaine
douceur très appréciable.

La campagne se pare de ses plus beaux
atours, la végétation redouble. C'est le
moment par excellence pour étudier dans
ses plus menus détails ce littoral si riche
et si varié. Les travaux des champs se
poursuivent activement, les vignes com-
mencent à bourgeonner, une inépuisable
sève communique à toutes les plantes le
suc nécessaire à leur existence future. Les
journées sont plus longues, les promenades
plus agréables. On peut s'aventurer plus
avant sur la mer et, au besoin, faire la traversée de l'île de la Corse, ravissante au
printemps. Quelques heures seulement
avant d'apercevoir le profil découpé de cette

ile avec ses sombres forêts, heures agréables à passer sur cette Méditerranée tandis que l'on s'éloigne du rivage et que celui-ci disparaît tout d'un coup.

Le carnaval passé, c'est une sorte d'arrière-saison qui retient sur cette délicieuse côte d'azur les étrangers. Sans doute, durant tout l'hiver ils ont pu assister à cet enfantement de la nature, plus nouveau et plus original ; avec le printemps, la terre va s'entr'ouvrir pour donner libre essor à tous les germes qu'elle a élevés dans son sein durant la saison capricieuse et qui, pénétrés de ce souffle divin, passeront en un clin d'œil de l'état d'embryon à l'âge adulte.

Les Alpes-Maritimes sont très visitées des touristes. D'un aspect plutôt riant, elles livrent passage à certains cours d'eau dont la siccité est proverbiale. Des gorges fameuses comme la gorge du Loup en sont une des principales curiosités.

En allant à Grasse, une petite halte dessert la belle gorge du Loup. Creusée sur un plateau calcaire par les eaux de la petite rivière du Loup, la gorge qui se

déploie sur une assez grande longueur
semble vouloir étendre son sillon et élargir
ses parois. Ce sont des énormes couches
calcaires parallèles et en forme de rectan-
gle qui enlacent le torrent de chaque côté.
A quelques lieues plus bas et même de la
mer on aperçoit très bien la tranchée que
forme la gorge ainsi que les deux pyra-
mides de rochers qui la limitent.

Sur la route de Puget-Théniers, nous
rencontrons également une série de points
merveilleux parmi les villages qui se pres-
sent sur nos pas. Nous citerons au hasard
Touet-de-Beuil, perché sur un énorme
rocher et le petit bourg de Cians à côté
duquel se trouve un site vraiment remar-
quable, la gorge de Cians. Formée de rochers disposés d'une façon bizarre, profondément échancrés, aux dimensions très
variables, les rayons du soleil venant frap-
per sur l'une des faces se reflètent admirablement sur l'autre par des effets splendides,
sans cesse changeants, transformant ce coin
si pittoresque en une magistrale féerie.

A une heure environ, la petite cité de
Puget-Théniers sur la rive gauche du Var,

au confluent de la Roudoule avec sa vieille
église et son cercle de remparts.

Dans ces promenades vagabondes, où
l'imprévu nous réserve comme à satiété de
nouvelles surprises, il est facile de jeter
sur son album des croquis alpestres inté-
ressants et de prendre avec son instan-
tanné des vues panoramiques. Si nous
sommes géologues, nous pouvons étudier
à notre aise les caractères différentiels de
tous ces terrains schisteux ou calcaires,
leur évolution à travers les âges, leurs
époques.

Le département des Alpes-Maritimes
peut être considéré comme le réceptacle
des plus riants sites alpestres, comme un
des points les plus curieux du midi de la
France. Sur le versant français de la
chaine des Alpes, chaque défilé nous rappelle une date historique mémorable et
toutes ces routes, savamment construites
sur le flanc même des rochers, si utilement
reliées les unes aux autres, éveillent en
nous ces temps encore récents, où des
tourbillons d'hommes animés de la même
ardeur généreuse, couraient à la gloire.

Les Alpes-Maritimes forment bien les
dépendances de ce vaste et somptueux
jardin qu'on appelle Nice. Si la mer en est
le bassin avec sa nappe chatoyante, ces
dernières en sont les parcs et bois, aux
mille sentiers et abritent des frais vallons,
des cascades lumineuses, des grottes profondes, des terrasses superbes taillées
d'une seule pièce, sans le secours de l'artiste, des ombrages épais, des clairières,
des prairies déroulant le long des vallées
leur tapis vert, des plateaux aux cimes
élevées.

C'est vers ce pays enchanteur qu'affluent,
chaque année, des légions de visiteurs.

On accourt vers cette côte méditerranéenne, toute parsemée de coquets abris,
vers ce climat si doux sous ce ciel d'azur
qui semble sans cesse esquisser un sou-
rire.

Pendant les quelques jours qu'il nous est
donné de vivre dans ce pays des rêves,
quittons les sombres pensées, et laissons-
nous séduire par cette nature aussi
enchanteresse. Ne laissons perdre aucun
plaisir et laissons-nous aller à l'enthou-

siasme. Chaque journée de notre séjour
sur le littoral sera une sorte d'achemine-
ment pour pénétrer en ses replis les plus
cachés, les confins de cette vieille terre
des troubadours, le sol privilégié de cette
grande nation française, qui donne si géné-
reusement asile aux étrangers et est fière
de mettre en honneur une de ses nobles
devises : Chaque homme a deux pays, le
sien et puis la France.

TABLE DES MATIÈRES

638 — Imprimerie Nouvelle Lyonnaise, rue Sainte-Catherine, 3, Lyon.

www.ingramcontent.com/pod-product-compliance
Lightning Source LLC
LaVergne TN
LVHW050623090426
835512LV00008B/1648